NOUVELLE ÉDITION.

ABÉCEDAIRE
DES
PETITS ENFANS,

ORNÉ DE GRAVURES.

PARIS,
Chez STAHL, Imprimeur-Libraire,
quai des Augustins, n° 9.

L'ANE ET LE PETIT CHIEN.

LES LOUPS ET LES BREBIS.

ABÉCÉDAIRE

DES

PETITS ENFANS,

ORNÉ

DE 40 GRAVURES.

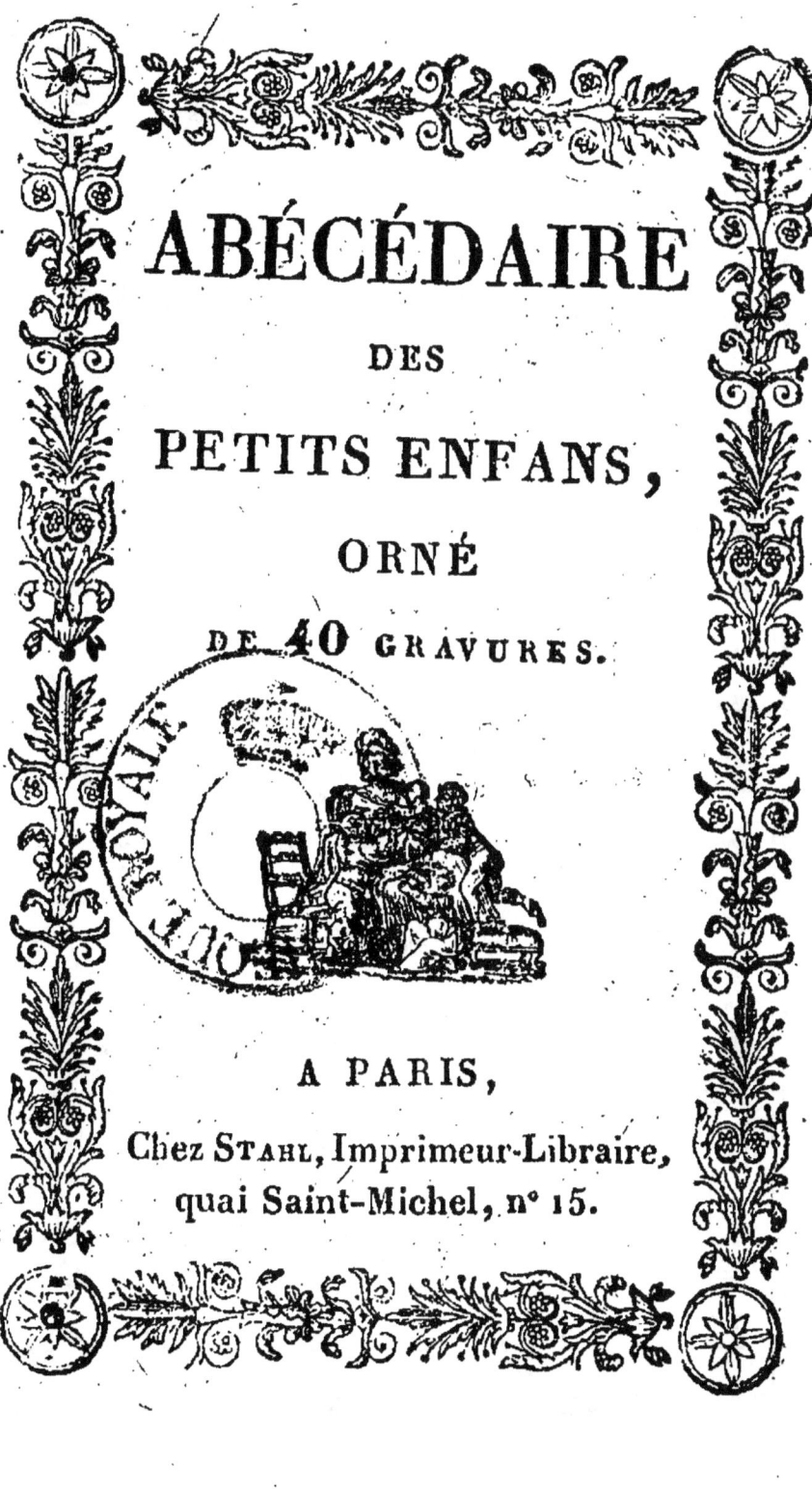

A PARIS,

Chez Stahl, Imprimeur-Libraire,
quai Saint-Michel, n° 15.

LE CHIEN QUI LACHE SA PROIE POUR L'OMBRE.

LE VILLAGEOIS ET LE SERPENT.

Les enfans qui apprendront bien à lire seront toujours plus heureux que ceux qui n'apprendront rien.

Celui qui devient savant est recherché de tout le monde.

A a

a, à, â, ai, au, ay.

ân

ab, ac, ad, af, al, ar.

B b

Ba, be, bi, bo, bu.

bœuf.

bla, ble, bli, blo, blu.

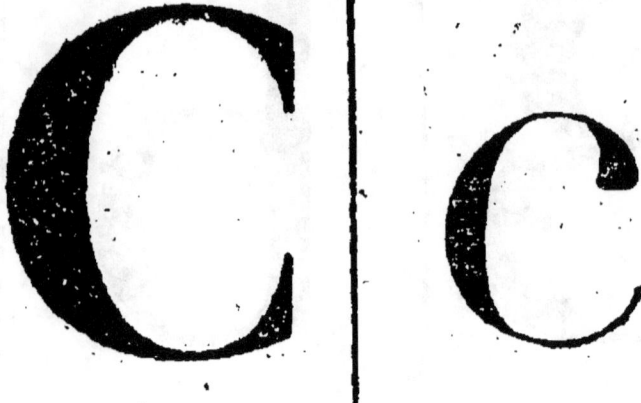

ca, ce, ci, co, cu.

chameau.

cha, che, chi, cho, chu.

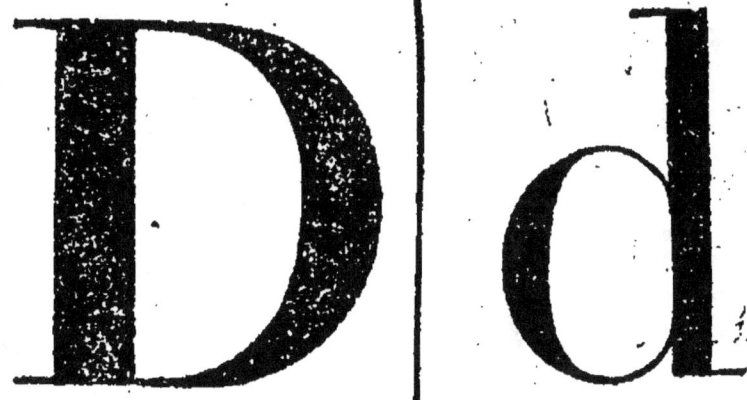

da, de, di, do, du.

dogue.

dra, dre, dri, dro, dru.

E e

é, è, ê, ë, ei, eu.

éléphant.

em, en, er, es, et, ez.

F f

fa, fe, fi, fo, fu.

furet.

fla, fle, fli, flo, flu.

G g

ga, ge, gi, go, gu.

genette.

gra, gre, gri, gro, gru.

H h

ha, he, hi, ho, hu.

hienne.

har, her, hip, hon, hur.

I i

î, ï, iai, iau, ieu.

isatis.

il, im, in, ins, ir, is.

J j

ja, je, ji, jo, ju.

jocko.

jar, jeu, jon, ju.

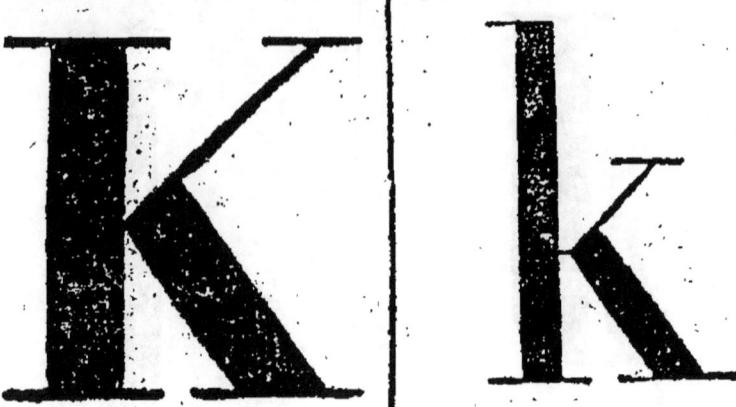

ka, ke, ki, ko, ku.

koba.

kan, ker, kou, kis.

L l

la, le, li, lo, lu.

lion.

lam, leu, lin, lou, lus.

M m

ma, me, mi, mo, mu.

mulet.

mal, mem, mil, mon

N n

na, ne, ni, no, nu.

ny-gault.

nar, ner, nid, non, nul.

ô, oi, ou, oy, on, os.

ours.

oc, om, or, œil, oui.

P p

pa, pe, pi, po, pu.

panthère.

pla, pen, pis, plo, plu.

qua, que, qui, quo, qû.

quil.

quan, quel, quin, quoi.

R r

ra, re, ri, ro, ru.

rhinocéros.

rai, rien, ris, ron, rui.

S s

sa, se, si, so, su.

sanglier.

sar, sen, sin, son, sur.

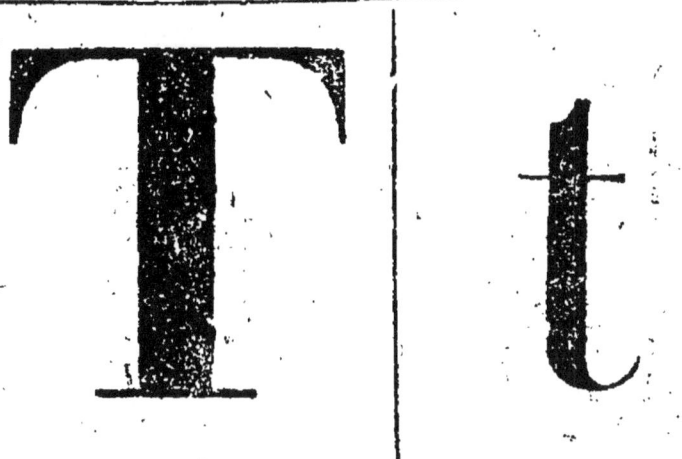

ta, te, ti, to, tu.

tigre.

tra, tre, tri, ton, tur.

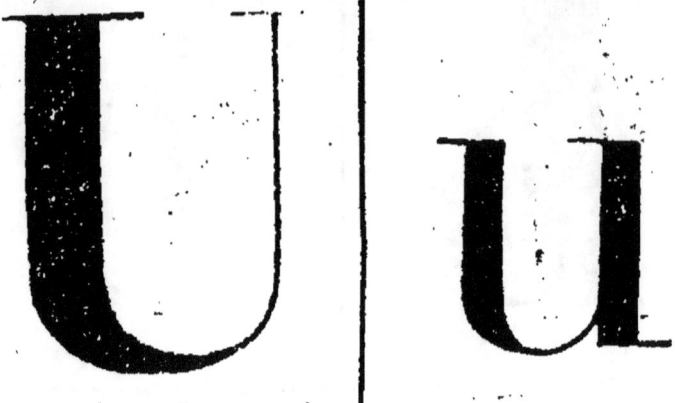

ù, û, ü, ul, un.

urson.

una, uni, uri, usa, usu.

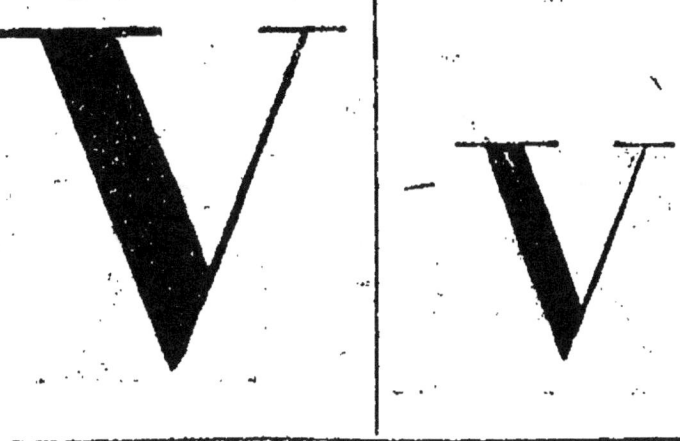

va, ve, vi, vo, vu.

vache.

van, ver, vin, voi, vue.

X x

xa, xe, xi, xo, xu.

xé.

xan, xer, xin, xor, xun.

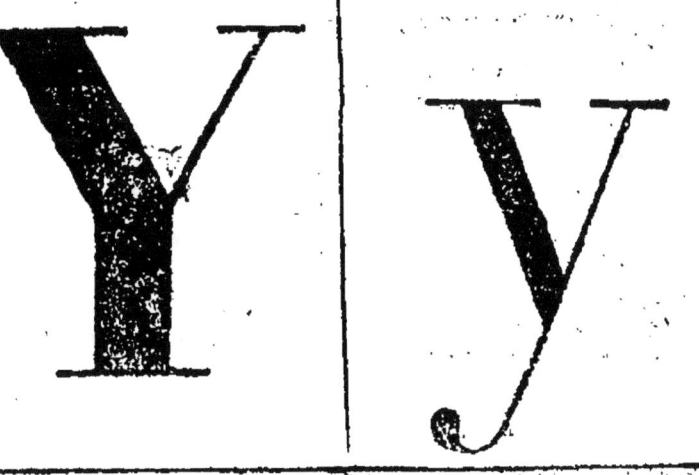

ya, ye, yo, yu.

yarque.

yan, yeux, yone, yssel.

za, ze, zi, zo, zu.

zébu.

zig zag, zèle, zone, zuy.

Lettres romaines.

A B C D E
F G H I J
K L M N O
P Q R S T
U V W X
Y Z Æ OE Ç
É È Ê

Lettres italiques.

A B C D E
F G H I J
K L M N O
P Q R S T
U V W X
Y Z Ç
Æ OE É È Ê

Lettres romaines et italiques.

a b c d e f g
h i j k l m n
o p q r s t u v
w x y z æ œ ç

*a b c d e f g h
i j k l m n o p q
r s t u v w x y z*

Lettres d'écriture, Anglaise.

A B C D E
F G H I K
L M N O P
Q R S T U
V W X Y Z

a b c d e f g h i j
k l m n o p q r
s t u v w x y z &c.

Lettres d'écriture, Ronde.

A B C D E F
G H I K L M
N O P Q R S
T U V W X Y Z

a b c d e f g h i j k
l m n o p q r s t u
    v w x y z
à é ò ù é â ê î ô û

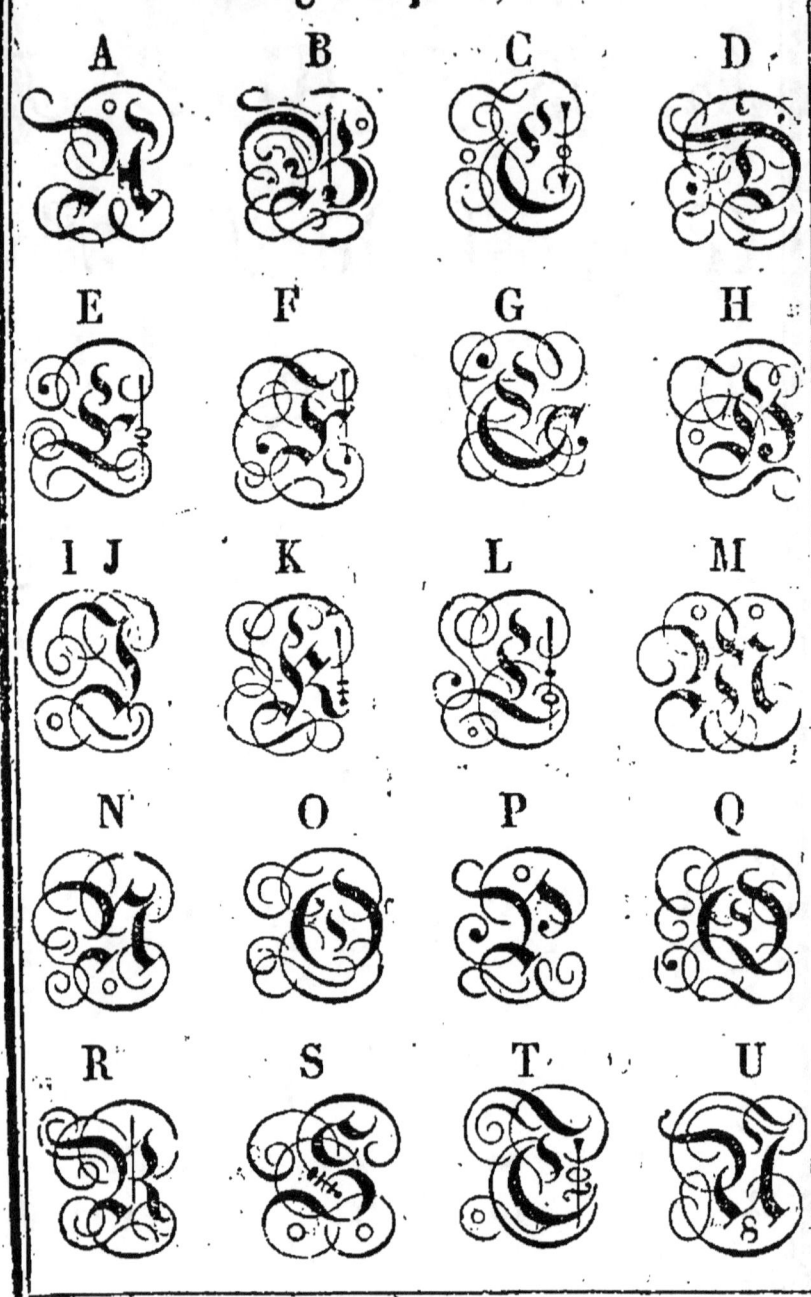

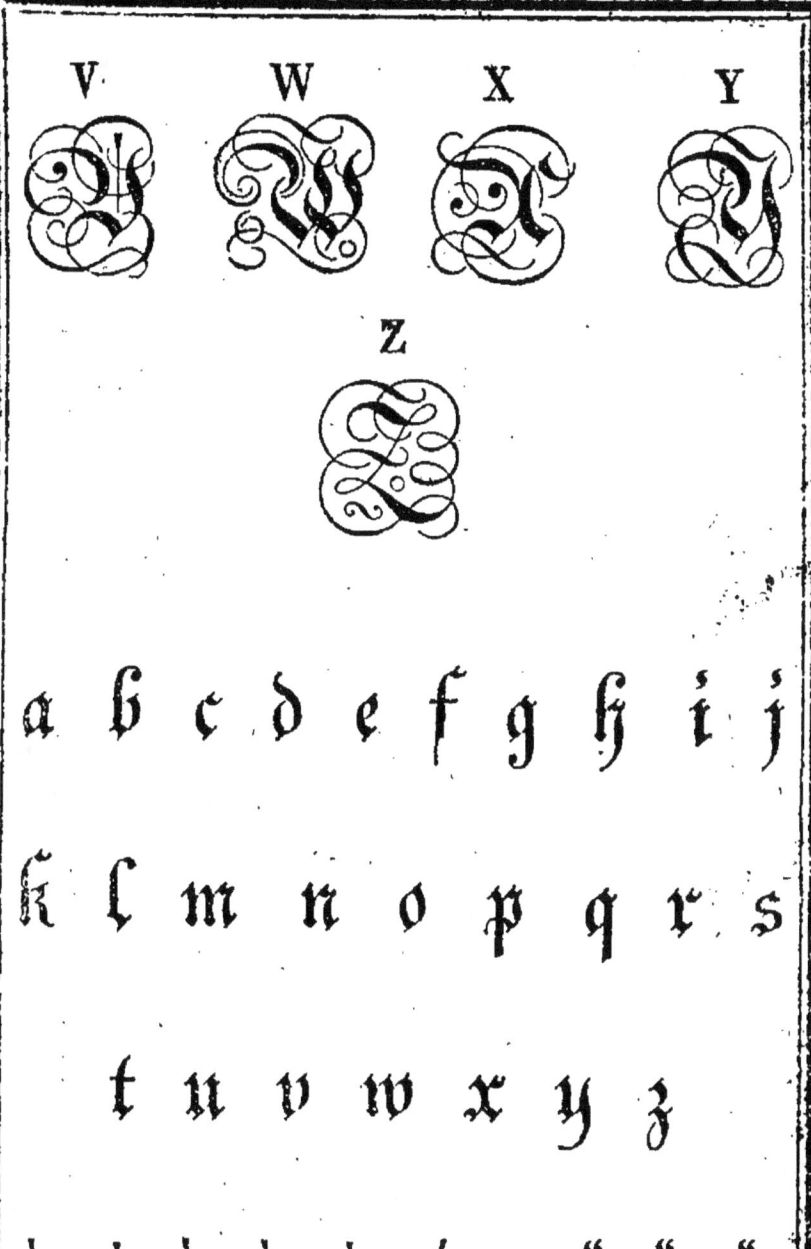

D

Lettres gothiques, allemandes.

A	B	C	D	E	F
𝕬	𝕭	𝕮	𝕯	𝕰	𝕱

G	H	IJ	K	L	M
𝕲	𝕳	𝕴	𝕶	𝕷	𝕸

N	O	P	R	R	S
𝕹	𝕺	𝕻	𝕼	𝕽	𝕾

T	U	V	W		X
𝕿	𝖀	𝖁	𝖂		𝖃

Y Z
𝖄 𝖅

a b c d e f g h i j
k l m n o p q r s t
u v w x y z

Lettres voyelles.

a e i o u y

Lettres consonnes.

b c d f g h k l
m n p q r s t v
x z.

Syllabes.

ba be bi bo bu
ca ce ci co cu
da de di do du
fa fe fi fo fu
ga ge gi go gu
ha he hi ho hu
ja je ji jo ju

ka	ke	ki	ko	ku
la	le	li	lo	lu
ma	me	mi	mo	mu
na	ne	ni	no	nu
pa	pe	pi	po	pu
ra	re	ri	ro	ru
sa	se	si	so	su
ta	te	ti	to	tu
va	ve	vi	vo	vu
xa	xe	xi	xo	xu
za	ze	zi	zo	zu
bla	ble	bli	blo	blu
sta	ste	sti	sto	stu

Pa pa.
Ma man.
Mi net.
Da da.
Ca non.
Vo lant.
Bis cuit.
Jar din.
Pou let.
Rai sin.

Gâ teau.
Na nan.
Tou tou.
Jou jou
Fu sil.
Bal le.
Su cré.
Ga zon.
D'In de.
Pain vin.

Bâ ton.
Cor net.
Plu me.
Voi sin.
Cor don.
Pa ris.
Ha bit.
Cha peau.
Moi neau.
Tam bour.

Fa ci le.
Ha bi le.
Pru nel le.
Den tel le.
Ha ri cot.
A bri cot.
En ton noir.
É gru geoir.
Des cen te.
At ten te.

Con fi tu re.
Cha ri ta ble.
Ad mi ra ble.
Sen si bi li té.
Tran quil li té.
Ré cré a tion.
Aug men ta tion.
Gra ti fi ca ti on.
Foi ble ment.
In sen si ble ment

Je, moi, nous,
tu, toi, vous.
il, elle, lui, eux.
mon, ma, mes.
ton, ta, tes.
son, sa, ses.
notre, votre, leur.
le mien, la mienne.
le tien, la tienne.
le nôtre, la vôtre.
ce, ces, cette, ces.
celui, celle, ceux.
celui-ci, celle-ci, ceux-ci.
celui-là, celle-là, ceux-là.

ceci, cela, qui, dont.
lequel, laquelle, quoi.
quelqu'un, quelqu'une.
quiconque, autrui.
chacun, chacune.
personne, rien.
quelconque, certain.
nul, nulle, aucun.
l'un, l'autre, même.
tel, telle, plusieurs.
tout, toute, ci-dessus.
autrefois, aujourd'hui.
aussi, demain.
peut-être, bientôt.

DEVOIRS DES ENFANS.

Les Enfans doivent honorer leurs pères et leurs mères, en tout âge et en tout état.

Ils doivent leur obéir en toutes choses, où Dieu n'est point offensé.

Ils leur doivent amour et respect aussi bien dans les châtimens que dans les caresses.

Ils doivent éviter avec grand soin de les attrister ou de les mettre en colère.

Ils doivent les assister dans leur pauvreté, jusqu'à tout vendre pour cela.

Le repentir des fautes est le salut de l'ame.

Le mensonge est l'objet du plus grand mépris. Un menteur est aussi odieux et plus à craindre qu'un voleur : il est comparable à un corps pestiféré dont l'approche est dangereuse.

L'oisiveté n'apprend qu'à mal faire; elle est la mère de tous les vices.

On gagne tout à fréquenter les honnêtes gens, on perd tout à fréquenter les méchans.

Ne desirez ni gloire ni richesse : demandez la sagesse, elle tient lieu de tout.

La bonne conscience est un fonds inépuisable de consolation et d'espérances ; qu'elle soit la règle de toutes vos actions, et vous serez heureux, dans ce monde et dans l'autre.

ORAISON DOMINICALE.

Notre Père qui êtes aux cieux, que votre nom soit sanctifié, que votre règne arrive, que votre volonté soit faite en la terre comme au ciel; donnez-nous aujourd'hui notre pain quotidien, pardonnez-nous nos offenses comme nous les pardonnons à ceux qui nous ont offensés, et ne nous laissez pas succomber à la tentation, mais délivrez-nous du mal. Ainsi-soit-il.

Salutation angélique.

Je vous salue, Marie, pleine de grace, le Seigneur est avec vous, vous êtes bénie entre toutes les femmes, et Jésus le fruit de vos entrailles est béni.

Sainte Marie, mère de Dieu, priez pour nous pauvres pécheurs, maintenant et à l'heure de notre mort. Ainsi-soit-il.

La vérité est si belle, ne mentez jamais, on ne croit plus celui qui a menti une fois, quand même il dit vrai.

La colère nous fait ressembler aux animaux féroces.

Celui qui ne veut être utile à personne, n'est pas digne de vivre avec les autres.

DIVISION DU TEMS.

Cent ans font un siècle.
Il y a douze mois dans un an.
Il y a trente jours dans un mois.
Trois cent soixante-cinq jours font un an.

On divise le mois en quatre semaines, chaque semaine est composée de sept jours que l'on nomme,
Lundi, Mardi, Mercredi,
Jeudi, Vendredi, Samedi,
Dimanche.

Les mois de l'année sont :
Janvier, Février, Mars,
Avril, Mai, Juin,
Juillet, Août, Septembre,
Octobre, Novembre, Décembre.

Il y a quatre saisons dans l'année, que l'on appelle l'automne, l'hiver, le printems, l'été.

CHIFFRES.

0, 1, 2, 3, 4,
zéro, un, deux, trois, quatre,

5, 6, 7, 8, 9.
cinq, six, sept, huit, neuf.

Chiffres arabes et romains.

un	1	I	seize	16	XVI
deux	2	II	dix-sept	17	XVII
trois	3	III	dix-huit	18	XVIII
quatre	4	IV	dix-neuf	19	XIX
cinq	5	V	vingt	20	XX
six	6	VI	trente	30	XXX
sept	7	VII	quarante	40	XL
huit	8	VIII	cinquante	50	L
neuf	9	IX	soixante	60	LX
dix	10	X	soixante-dix	70	LXX
onze	11	XI	quatre-vingt	80	LXXX
douze	12	XII	quatre-vingt-dix	90	XC
treize	13	XIII	cent	100	C
quatorze	14	XIV	cinq cents	500	D
quinze	15	XV	mille	1000	M

TABLE DE MULTIPLICATION.

2	fois	2	font	4	5	fois	10	font	50
2		3		6	5		11		55
2		4		8	5		12		60
2		5		10	6	fois	6	font	36
2		6		12	6		7		42
2		7		14	6		8		48
2		8		16	6		9		54
2		9		18	6		10		60
2		10		20	6		11		66
2		11		22	6		12		72
2		12		24	7	fois	7	font	49
3	fois	3	font	9	7		8		56
3		4		12	7		9		63
3		5		15	7		10		70
3		6		18	7		11		77
3		7		21	7		12		84
3		8		24	8	fois	8	font	64
3		9		27	8		9		72
3		10		30	8		10		80
3		11		33	8		11		88
3		12		36	8		12		96
4	fois	4	font	16	9	fois	9	font	81
4		5		20	9		10		90
4		6		24	9		11		99
4		7		28	9		12		108
4		8		32	10	fois	10	font	100
4		9		36	10		11		110
4		10		40	10		12		120
4		11		44	11	fois	11	font	121
4		12		48	11		12		132
5	fois	5	font	25	12		12		144
5		6		30					
5		7		35					
5		8		40					
5		9		45					

144 font une grosse ou 12 douzaines.

La Grenouille qui veut se faire aussi grosse que le Bœuf.

Une grenouille vit un bœuf
   Qui lui sembla de belle taille.
Elle, qui n'était pas grosse en tout comme un œuf,
Envieuse, s'étend, et s'enfle et se travaille
   Pour égaler l'animal en grosseur;
    Disant: Regardez bien, ma sœur,
Est-ce assez? dites-moi? N'y suis-je point encore?
— Nenni.— M'y voici donc?— Point du tout.— M'y voilà.
— Vous n'en approchez point. La chétive pécore
   S'enfla si bien qu'elle creva.

Le monde est plein de gens qui ne sont pas plus sages.
Tout le monde veut bâtir comme les grands seigneurs;
   Tout petit prince a des ambassadeurs;
    Tout marquis veut avoir des pages.

Le Corbeau et le Renard.

Maître corbeau, sur un arbre perché,
    Tenoit en son bec un fromage.
Maître renard, par l'odeur alléché,
    Lui tint à peu près ce langage :
    Hé ! bon jour, monsieur du corbeau !
Que vous êtes joli, que vous me semblez beau !
    Sans mentir, si votre ramage
    Se rapporte à votre plumage,
Vous êtes le phénix des hôtes de ces bois.
A ces mots le corbeau ne se sent pas de joie :
    Et pour montrer sa belle voix,
Il ouvre un large bec, laisse tomber sa proie.
Le renard s'en saisit et dit : Mon bon monsieur,
    Apprenez que tout flatteur
    Vit aux dépens de celui qui l'écoute :
Cette leçon vaut bien un fromage, sans doute.
    Le corbeau, honteux et confus,
Jura, mais un peu tard, qu'on ne l'y prendrait plus.

Le Coq puni.

Un coq ayant vu de beaux raisins, s'introduisit dans la vigne, où il en mangeoit comme un glouton; le maître s'en étant aperçu, le chassa : le gourmand surpris eut peur, et alla se cacher; le saisissement lui ayant occasionné une indigestion, il en mourut : les enfans gourmands périront comme le coq.

La Cigale et la Fourmi.

La cigale ayant chanté
    Tout l'été,

Se trouva fort dépourvue
Quand la bise fut venue :
Pas un seul petit morceau
De mouche ou de vermisseau !
Elle alla crier famine
Chez la fourmi sa voisine,
La priant de lui prêter
Quelque grain pour subsister
Jusqu'à la saison nouvelle.
Je vous paierai, lui dit-elle,
Avant l'oût, foi d'animal,
Intérêt et principal.
La fourmi n'est pas prêteuse :
C'est là son moindre défaut.
Que faisiez-vous au tems chaud?
Dit-elle à cette emprunteuse.
Nuit et jour à tout venant
Je chantois, ne vous déplaise.
Vous chantiez, j'en suis fort aise,
Hé bien ! dansez maintenant.

Le Singe et le Renard.

Un jour les animaux s'assemblèrent dans le dessein de se choisir entr'eux un roi : le singe qui mouroit d'envie de l'être, fit en leur présence des tours si surprenans et des gambades si légères, qu'après avoir charmé par sa souplesse toute l'assemblée, il en enleva les suffrages, et fut nommé roi. Cependant le renard, chagrin de voir que l'adresse l'eût emporté sur le mérite, tendit au singe ce panneau. Sire, lui dit-il, en lui montrant une fosse au fond de laquelle étoit un piège qu'il avoit préparé et couvert de quelques feuilles, vous saurez que ces jours passés j'ai découvert dans ce trou un trésor inestimable : comme tout trésor appartient au roi, que votre majesté en fasse son profit. A ces mots le singe sauta dans la fosse; mais bien loin d'y voir ce qu'il cherchoit, il s'y trouva pris au piège du renard. Et celui-ci éclatant de rire : Pauvre fou, dit-il à l'autre, as-tu bien pu te mettre dans l'esprit que tu saurais gouverner les autres, puisque tu ne sais pas te gouverner toi-même ?

Notions sur l'homme, les animaux et les plantes.

L'homme a deux mains. Chaque main a cinq doigts. Le plus gros de ces cinq doigts se nomme pouce. Le doigt qui le suit s'appelle index, parce que c'est celui qui sert à indiquer. Le bras de chaque côté du corps est appelé ou gauche ou droit. Celui du côté du cœur est le bras gauche, et l'autre le bras droit.

L'homme a aussi deux pieds, au bout desquels sont cinq doigts, dont le plus gros se nomme orteil. Il y a le pied gauche et le pied droit.

Le cheval et le bœuf ont des jambes. Le chien et tous les animaux plus petits que lui ont des pattes.

Les poissons nagent.

Les oiseaux volent.

Les vers, les limaçons et les serpens rampent.

Les arbres et les fleurs ont des racines en terre qui leur servent comme de pieds pour se maintenir debout, et les branches semblent être leurs bras. Ils ont des maladies, souffrent et meurent comme tous les êtres qui respirent.

Toutes les plantes portent des fleurs, auxquelles succèdent des fruits ou des graines après la fleuraison.

Les cris des Animaux.

Le chien aboie.	Le corbeau croasse.
Le cochon grogne.	La grenouille coasse.
Le cheval hennit.	La tourterelle gémit
Le taureau beugle.	Le pigeon roucoule.
L'âne brait.	Le rossignol ramage.
Le chat miaule.	Le coq chante.
L'agneau bêle.	La poule glousse.
Le lion rugit.	La pie babille.
Le loup hurle.	Le serpent siffle.
Le renard glapit.	L'homme parle et chante.
Le moineau pépie.	

Cheval.

Le cheval est un animal quadrupède, connu de tout le monde; il est remarquable par la beauté de sa taille, par le courage, la force, la docilité de son caractère, et par l'utilité infinie dont il est à l'homme.

La plus noble conquête que l'homme ait jamais faite, est celle de ce fier et fougueux animal, qui partage avec lui les fatigues de la guerre et la gloire des combats. Aussi intrépide que son maître, le cheval voit le péril et l'affronte; il se fait au fracas des armes, il l'aime, il le cherche, et il s'anime de la même ardeur que les guerriers. Il partage aussi les plaisirs de son maître à la chasse; il brille, il étincelle à la promenade, aux tournois, à la course. Mais, docile autant que courageux, il ne se laisse point emporter à son feu; il sait réprimer ses mouvemens: non-seulement il fléchit sous la main de celui qui le guide, mais il semble consulter ses desirs; et obéissant aux impressions qu'il en reçoit, il se précipite, se modère ou s'arrête, et n'agit que pour y satisfaire.

Le cheval est, de tous les animaux, celui qui, avec une grande taille, a le plus de proportion et d'élégance dans les parties du corps.

EXPLICATION
Des figures de Quadrupèdes contenues dans cet Alphabet.

oOo⊂⊃oOo

L'ANE est un animal domestique connu par plusieurs défauts et par plusieurs bonnes qualités. Il est dur et patient au travail; il porte de grands fardeaux; il est d'une grande utilité à la campagne; il est sobre, il se contente des herbes les plus dures, seulement il est délicat pour la boisson; il se plaît dans les pays chauds. L'âne peut vivre vingt-cinq à trente ans; il brait par un cri prolongé et très-désagréable. On connoît son âge par ses dents; sa peau sert à couvrir les tambours. Il y a des ânes de différentes couleurs selon les pays : les ânes rouges sont méchans.

Le bœuf, animal domestique, paroît ancien dans presque tous les climats; peu convenable à porter des fardeaux, on s'en sert pour le labourage depuis l'âge de trois ans jusqu'à dix, après lequel tems on l'engraisse. Le bœuf dort d'un sommeil court et léger, il se réveille au moindre bruit : on le nourrit avec du foin, de la paille, des herbages, etc. Sa chair est bonne pour la nourriture de l'homme. On connoit l'age des bœufs par leurs dents, ainsi que par leurs cornes; on fait des cuirs avec leurs peaux.

Le chameau est de tous les animaux domestiques le seul qui ait un cinquième estomac, pour conserver de l'eau sans se corrompre; dès qu'il est né, on lui plie les pieds sous le ventre et on le contraint à demeurer dessus; on le charge das cette situation d'un tapis sur les bords duquel on met des pierres, pour l'accoutumer à porter. On lui donne peu de lait à boire; on règle ses repas qu'on éloigne peu à peu. Lorsqu'il commence à être fort, on l'exerce à la course, et on ne lui donne qu'une heure de repos. On fait faire aisément aux chameaux ainsi élevés trois cents lieues en huit jours. Rien de plus admirable que leur docilité: au premier signe ils plient les genoux et s'accroupissent jusqu'à terre, pour se laisser charger ou décharger. On les nourrit facilement; ils vivent de chardons, d'orties, etc. Ils souffrent la soif, ils peuvent se passer de boire pendant quatre à cinq jours et même plus. Le chameau paroît être originaire d'Arabie, il vit quarante à cinquante ans; avec son poil, on fait des étoffes; mêlé avec d'autres, on en fait des chapeaux.

Le dogue est un chien de la grande espèce dont on se sert pour garder les maisons, ou pour combattre les taureaux et autres bêtes. L'on peut dire que le chien est le seul animal dont la fidélité soit à l'épreuve, le seul qui connoisse toujours son maître et les amis de la maison. La vie du chien paroît bornée à quatorze ans, quoiqu'on en ait gardé jusqu'à vingt. L'étonnante variété des chiens empêchera toujours d'en connoître la race primitive.

L'éléphant, le plus grand des quadrupèdes, a une force prodigieuse. Il réunit le courage, la prudence, le sang-froid, l'obéissance exacte, la modération même dans les passions les plus vives; aussi reconnoissant des bienfaits que sensible aux injures; il ne méconnoît pas ses amis, et n'attaque jamais que ceux qui l'ont offensé ; enfin vivant en paix avec les autres animaux, il est aimé de tous, puisque tous le respectent, et n'ont nulle raison de le craindre. En considérant cet animal, il semble mal proportionné à cause de son corps gros et court, de ses jambes roides et mal formées, de ses pieds ronds et tortus, de sa grosse tête, de ses petits yeux et de ses grandes oreilles : on pourroit dire aussi que son habit est mal taillé et mal fait. L'organe le plus admirable et le plus particulier à l'éléphant est sa trompe.

Les éléphans font au pas ordinaire autant de chemin qu'un cheval en fait au trot ; quinze ou vingt lieues par jour ne les fatiguent point, et quand on veut les presser, ils peuvent en faire trente-cinq ou quarante. Leurs alimens ordinaires sont des racines, des herbes, des feuilles et du bois tendre ;

ils mangent aussi des fruits et des graines. Plus ces animaux s'éloignent de leur climat naturel, plus il est nécessaire de leur donner une nourriture qui entretienne leur chaleur. La durée ordinaire de leur vie passe pour être de deux cents ans. Les pays chauds de l'Afrique et de l'Asie sont les lieux où naissent les éléphans ; leur taille est de dix à onze pieds : ceux des Indes ont quatorze pieds de haut. Les grandes défenses des éléphants sont ce qu'on nomme l'ivoire.

Le furet est originaire d'Afrique ; on s'en sert pour la chasse aux lapins. Lorsqu'on le lâche dans les trous des lapins, on le musèle, afin qu'il ne les tue pas, et qu'il les oblige seulement à sortir. On le nourrit de son, de pain et de lait.

La genette n'habite que dans les

endroits humides. On lui a donné le nom de genette parce qu'on l'a d'abord trouvé dans des genets. Elle a beaucoup de rapport avec la civette, parce qu'elle a sous la queue un sac dans lequel se filtre un parfum ; mais l'odeur ne se conserve pas. Sa peau fait une fourrure légère et très-jolie.

———

L'HYÈNE est de la grandeur du loup; elle a la tête plus carrée et plus courte, les jambes de derrière plus hautes. Cet animal sauvage, solitaire et cruel, demeure dans les cavernes, vit de proie; attaque quelquefois les hommes. L'hyène se bat contre le lion, la panthère, et autres carnivores. Ses yeux brillent dans l'obscurité. On la trouve dans presque tous les climats chauds.

———

L'ISATIS ressemble au renard par la forme du corps, et au chien par la tête; ses oreilles sont presque rondes. Les isatis habitent les pays les plus froids, les plus montueux de la Laponie, de la Sibérie, etc. Errants sur les bords des mers glaciales, ils se nourrissent d'oiseaux, de lièvres, etc. qu'ils chassent avec autant de finesse que le renard; leur poil a plus de deux pouces de longueur.

LE JOCKO est la petite espèce d'orangoutang que les Indiens appellent homme sauvage, qui est la première espèce de singes sans queue. Ces animaux se construisent des cabanes, etc. Les nègres croient que c'est une nation étrangère, qui est venue s'établir chez eux, et que s'ils ne parlent pas, c'est dans la crainte qu'on ne les fasse travailler. On a vu plusieurs fois de ces singes en Europe.

LE KOBA est une gazelle du Sénégal, appelée, par les Français, grande vache brune, beaucoup plus grande que le kob, et de la grandeur du cerf. Ses cornes sont applaties par les côtés, et environnées d'onze à douze anneaux.

―――――

LE LION a la figure imposante, le regard assuré, la démarche altière, la voix terrible; sa taille est bien prise, et si bien proportionnée, que son corps paraît être le modèle de la force jointe à l'agilité: aussi solide que nerveux, n'étant chargé ni de chair ni de graisse, et ne contenant rien de surabondant, il est tout nerf et tout muscles. L'éléphant, le rhinocéros, le tigre et l'hippopotame, sont les seuls animaux qui puissent résister au lion. Il habite les climats brûlans de l'Asie et de l'Afrique. Le lion ne détruit qu'autant qu'il consomme, et dès qu'il est repu, il est en paix avec toute la terre. Sa peau, qui faisoit autrefois la tunique des héros, sert maintenant de manteau et de lit aux Maures; nous l'employons aussi à faire des housses pour les chevaux.

Le mulet participe de la force du cheval et de la dureté de l'âne : aussi patient et aussi sobre que ce dernier, il semble né pour porter docilement, et long-tems, de gros fardeaux. En Espagne on ne connoît guère que les attelages de mulets. Ils servent dans les montagnes; ils passent aussi hardiment qu'adroitement sur les bords des précipices. Les mulets vivent souvent plus de trente ans.

Le nyl-gaut est un animal des Indes, il est de la grandeur d'un cerf, ses cornes sont creuses, permanentes, et n'ont que six pouces de longueur sur près de trois pouces de grosseur à la basse. Le mot nyl-gaut signifie un taureau bleu.

L'ours est non seulement sauvage, mais solitaire, fuyant toute société. Une caverne antique dans des rochers inaccessibles, une grotte formée, par le tems, dans le tronc d'un vieux arbre, au milieu d'une épaisse forêt, lui servent de domicile. L'ours a les sens de la vue, de l'ouie et du toucher très-bons, quoique l'orbite de son œil ait peu de circonférence. Quand on veut avoir les petits, on met le feu à l'arbre où l'on sait qu'il s'est niché : quelquefois c'est à trente pieds de hauteur, dans le creux d'un arbre ; si c'est une mère, elle descend la première, on la tue avant qu'elle soit à terre ; les petits descendent ensuite, on les prend en leur passant une corde au cou, et on les emmène. Les ours vivent vingt ou vingt-cinq ans : il y en a de diffrentes couleurs; on en voit dans les Alpes, à la Chine, au Japon, en Arabie, en Egypte, etc. Leur peau est une bonne fourrure, quoique grossière.

LA PANTHÈRE a l'air féroce, l'œil inquiet, le regard cruel, les mouvemens brusques; sa peau est, pour le fond du poil, d'un fauve plus ou moins foncé sur le dos et les côtés, et blanchâtres sous le ventre; elle est marquée de taches noires en grands anneaux en forme de rose, bien séparés. On dompte plutôt la panthère qu'on ne l'apprivoise; cependant on s'en sert pour la chasse; il faut beaucoup de précaution pour la conduire et l'exercer. On la mène sur une charrette, enfermée dans une cage, dont on lui ouvre la porte lorsque le gibier paroît; elle s'élance vers la bête, l'atteint ordinairement en trois ou quatre sauts, la terrasse et l'étrangle; mais si elle manque son coup, elle devient furieuse, et se jette quelquefois sur son maître, qui, d'ordinaire, prévient ce danger en portant avec lui des morceaux de viande ou des animaux vivans, qu'il lui jette pour calmer sa fureur. L'once s'apprivoise plus aisément. On s'en sert faute de chiens.

On a souvent confondu la panthère, l'once et le léopard, parce qu'ils habitent également les climats chauds. La panthère a cinq ou six pieds de longueur de la tête à la naissance de la queue; l'once a trois pieds et demi de long; le léopard est plus grand que l'once et moins que la panthère; leurs poils et leurs taches sont à peu près les mêmes, à l'exception de l'once qui a le poil d'un gris blanchâtre. La peau la plus belle est celle du léopard, aussi se vend-elle plus chère.

QUIL, ou QUILO-PÈLE, à Ceylan;

Mangouste, ou Ichneumon, vulgairement appelé rat de Pharaon. C'est un animal domestique en Egypte, comme le chat l'est en Europe; il détruit un grand nombre d'animaux nuisibles, et particulièrement les œufs de crocodiles : comme il aime les œufs de poule, et qu'il n'a pas la gueule assez fendue pour les saisir, il tâche de les casser en les jetant en l'air, ou en les poussant contre une pierrre.

Le rhinocéros, ou portecorne, est le plus curieux des quadrupèdes après l'éléphant; on le trouve dans les déserts de l'Afrique et de l'Asie; il est à peu près de la longueur de l'éléphant; mais il est moins gros, et il a les jambes plus courtes; il se nourrit d'herbes grossières, il aime beaucoup les cannes de sucre, et mange toutes sortes de graines. Il est ennemi de l'éléphant : avant de l'attaquer, il semble aiguiser sa corne contre les rochers ou les corps durs, ensuite il tâche de la lui enfoncer dans le ventre. L'éléphant, qui est rusé et subtil, évite quelquefois la corne du rhinocéros, le fatigue avec sa trompe, le hache et le met en pièces avec ses grandes dents; mais le rhinocéros remporte souvent la victoire. Ces animaux se font la guerre à cause des pâturages dont ils sont l'un et l'autre très-voraces. Il y a des rhinocéros qui n'ont qu'une corne sur le nez et d'autres qui en ont d'eux; cette variété tient au climat. On assure que dans l'Abyssinie on en apprivoise.

LE SANGLIER est sauvage, et ne diffère, à l'extérieur, du cochon domestique, qu'en ce qu'il a les défenses plus longues, la hure plus grosse, etc. Quand on attaque ces animaux, on se sert de chariots chargés d'arquebusiers, qu'on pose dans les passages pour les tirer; il n'y a personne qui ose demeurer à pied, parce que le sanglier accourt au bruit et à la voix des personnes, et fait de cruelles blessures.

Le tigre est un animal qui tient de l'espèce du chat; sa taille surpasse celle du lion; il est impitoyablement cruel : quoique rassasié de chair, il semble toujours être altéré de sang; sa fureur n'a d'autres intervalles que ceux du tems qu'il faut pour dresser des embûches. Il saisit et déchire une nouvelle proie avec une rage toujours renaissante; il désole les pays qu'il habite; il ne craint ni l'aspect, ni les armes de l'homme; il égorge, il dévaste les troupeaux d'animaux domestiques, met à mort toutes les bêtes sauvages, attaque les petits éléphans, les jeunes rhinocéros, et quelquefois même il ose braver le lion. Heureusement pour le reste de la nature, que l'espèce n'en est pas nombreuse, et qu'elle paroît confinée aux climats les plus chauds des Indes.

L'URSON est un animal qui habite les terres désertes du nord de l'Amérique. Les sauvages mangent sa chair et se servent de sa fourrure, après en avoir arraché les piquants, qui leur servent d'épingles et d'éguilles.

LA VACHE, femelle du taureau, est une bête à cornes, et son produit est un bien qui croît et qui se renouvelle à chaque instant; la chair du veau est une nourriture aussi abondante que saine et délicate, le lait l'aliment des enfans, le beurre, l'assaisonnement de la plupart de nos mets, et le fromage, la nourriture la plus commune des habitans de la campagne.

LE XERCHIAM, à la Chine, est l'animal qui porte le musc; il est de la grandeur d'un petit chevreuil; il a près du nombril, une espèce de bourse d'environ deux ou trois pouces de diamètre, dans laquelle se filtre l'humeur grasse du musc : il n'y a que le mâle qui produise de bon musc.

YARQUE, espèce de singe du nombre de ceux qui ont la queue longue, et le museau allongé comme celui d'un chien.

LE ZÉBU est une petite espèce de bœuf, à bosse, que l'on trouve en Afrique ; il est beaucoup moins gros que notre taureau domestique : il a le poil très-doux et très-beau. On se sert de cet animal pour monture. Il est originaire des pays très-chauds, mais peut vivre et produire dans nos pays tempérés.

IMPRIMERIE DE STA , QUAI DES AUGUSTINS, N°. 9.

www.ingramcontent.com/pod-product-compliance
Lightning Source LLC
LaVergne TN
LVHW050611090426
835512LV00008B/1442